Fiche **notion**

Par Dominique Coutant-Defer

La matière et l'esprit

LePetitPhilosophe.fr

Associez chaque citation à l'explication qui lui correspond.

Choisissez un sujet bac et construisez le plan de votre dissertation en y associant, si possible, certaines des citations et des explications reprises ci-dessus.

INTRODUCTION

La matière et l'esprit sont souvent intuitivement perçus comme **deux entités séparées** :

- il y aurait d'un côté l'esprit, c'est-à-dire la pensée, l'intellect, conçu comme activité, opération, faculté,
- et de l'autre une matière inerte sur laquelle agiraient les fonctions de l'esprit, telles la perception ou la connaissance.

Il s'agit là de la thèse des dualistes. La question de l'articulation entre ces deux composantes essentielles de l'humain – l'homme se perçoit à la fois comme matériel, de par l'existence de son corps, et comme spirituel, de par la conscience de son esprit – est dès lors au cœur de débats philosophiques essentiels.

Mais ces deux entités sont-elles totalement distinctes ? L'âme, spirituelle, et le corps, matériel, sont-ils réellement séparés ? Ne possèdent-ils aucune qualité commune ?

Les monistes, pour leur part, pensent qu'**esprit et matière ne font qu'un**. Cette thèse aboutit le plus souvent au matérialisme : la pensée n'est qu'un effet, elle est déterminée par autre chose qu'elle. Mais, à l'inverse, le monisme peut également conclure à une spiritualité de la matière.

Certaines pensées ont toutefois tenté de dépasser cette opposition radicale et réductrice, en tentant d'autres approches de l'esprit et de la matière. Les découvertes de la physique quantique, par exemple, qui considère la matière comme une réserve d'énergie, bouleversent la définition ancienne selon laquelle elle est stable et immuable et remettent en question les débats philosophiques traditionnels.

<u>Niveaux de lecture :</u>

*** : incontournable

** : à ne pas négliger

* : pour approfondir

APPROCHES DE LA NOTION

QU'EST-CE QUE LA MATIÈRE ?

L'évidence de la matière ***

Aristote (384-322 av. J.-C.) définit **la matière comme ce qui est inanimé, c'est-à-dire ce qui ne possède pas d'âme**, cette dernière étant entendue comme principe vital interne à tout être vivant. La matière est donc « ce en quoi » les choses sont faites, **le support du changement**, de ce qui se forme et se transforme par l'action d'un agent. Par exemple, la table est faite dans la matière « bois » qui a été transformée pour lui donner une forme.

Pour Aristote, Dieu est le seul être sans matière. En effet, en ce qui concerne l'homme, l'expérience quotidienne parait confronter ce dernier à une matière incontestablement bien présente, celle de son corps : lorsqu'il éprouve de la douleur après le contact d'un objet dur, par exemple. Le corps rappelle ainsi à l'homme sa dimension matérielle. En effet, s'il était pur esprit, le choc avec l'objet n'aurait pas eu lieu. Mais s'il n'était composé que de matière, il n'aurait pas ressenti cette douleur : par conséquent, c'est sa dimension spirituelle qui prend conscience de la douleur. Ainsi, la matière est une réalité incontestable, mais c'est l'esprit qui en prend conscience. On ne peut donc penser la matière sans l'esprit.

Toute matière a une forme ***

Aristote distingue dans tout objet deux aspects :

- **la matière**, qui est indéterminée et constitue le support du changement (par exemple un morceau de bois, qui pourra devenir une table ou autre chose). En ce sens, elle existe « en puissance », c'est-à-dire qu'elle est une virtualité ;
- **la forme**, qui fait qu'une chose est ce qu'elle est (par exemple, le morceau de bois est une table parce qu'il présente toutes les caractéristiques de la table). Lorsque la forme se réalise dans la matière, l'objet existe « en acte ».

Ainsi, si l'on considère une table, sa matière est le morceau de bois dans lequel elle a été réalisée, tandis que sa forme désigne les déterminations qui font qu'elle représente une table. Le morceau de bois est la table en puissance et l'objet terminé est la table en acte.

En somme, **les choses sont des composés de matière et de forme** ou « composés hylémorphiques » (du grec *hylè*, « matière », et *morphè*, « forme ») <u>(citation 1)</u>. Il n'existe pas, selon Aristote, de matière qui serait privée de forme. Même l'eau prend la forme du récipient qui la contient. La matière naturelle n'existe donc pas : elle occupe toujours une portion d'espace déterminée, elle a toujours une forme. Cela dit, la forme d'un objet peut être transformée par l'homme. Tout ce qui est élaboré par l'homme (outils, constructions, œuvres d'art, etc.) témoigne alors de la dimension spirituelle de l'humanité : l'esprit de l'homme donne une forme spécifique à la matière.

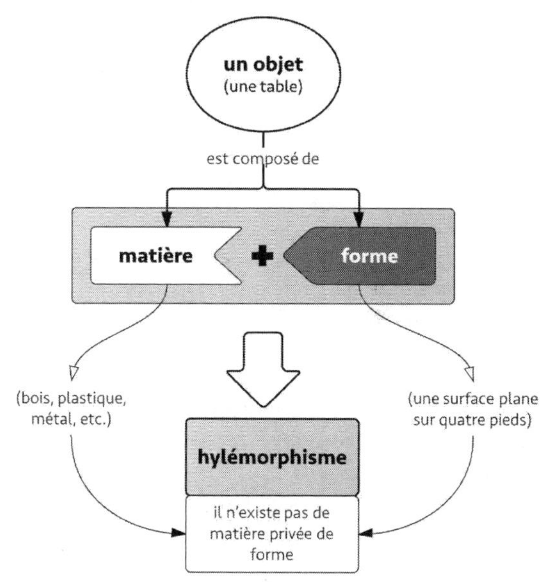

L'ARTICULATION ENTRE LA MATIÈRE ET L'ESPRIT

L'homme, parce qu'il possède une dimension corporelle, qui le rattache à la matière, et un esprit, qui lui permet d'agir sur cette dernière, de la comprendre et de la dominer, est le seul être qui peut susciter une interrogation sur les liens possibles entre l'esprit et la matière. Mais comment penser l'articulation entre ces deux réalités à priori antithétiques ?

Le monde sensible versus le monde des idées ***

La **doctrine dualiste** consiste à présenter l'esprit et la matière, ou l'âme et le corps, comme deux entités distinctes. **Platon** (427-347 av. J.-C.) est le premier philosophe à s'engager dans cette voie. Plus précisément, il distingue :

- **le monde supérieur des Idées intelligibles**, qui constituent des archétypes immatériels, stables, immuables et éternels d'après lesquels les objets du monde réel sont formés. Pour que ce monde soit accessible à l'homme, il est nécessaire de poser que celui-ci comporte lui-même une part immatérielle, l'âme, qui lui permet d'en prendre connaissance ;
- **le monde des choses matérielles**, sensibles, qui ne sont que des copies imparfaites des Idées et qui sont soumises au changement. L'homme appartient à ce monde caractérisé par l'instabilité, le changement et le mouvement par son corps.

Platon oppose donc radicalement l'âme, qu'il associe à l'esprit, en mesure de contempler les Idées, au corps, matériel, qui attache irrémédiablement l'homme au monde sensible. Les Idées, stables, sont le seul gage d'une connaissance authentique, à laquelle l'homme peut uniquement accéder grâce à son esprit (citation 2).

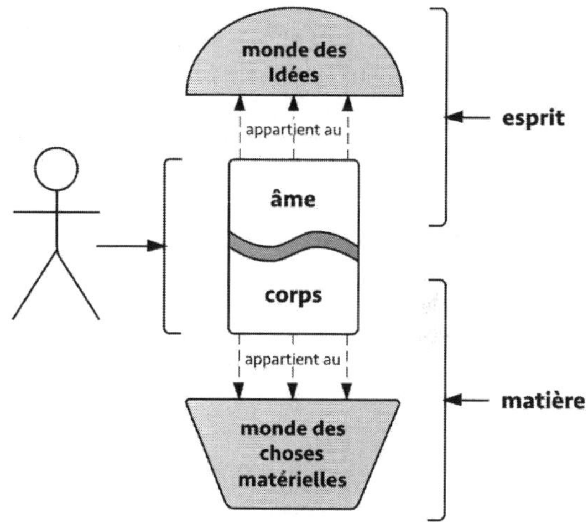

BON À SAVOIR :

Le **dualisme** est une doctrine qui, dans un domaine déterminé, admet que la réalité est constituée de deux principes de nature différente et indépendants l'un de l'autre. Il s'oppose au **monisme**, qui postule au contraire que la réalité ne peut être expliquée que par un seul principe.

Substance pensante versus substance étendue **

La conception cartésienne, elle aussi représentative du dualisme entre l'esprit et la matière, ou l'âme et le corps, fournit le cadre dans lequel vont s'inscrire des débats qui se poursuivent encore de nos jours.

Dans sa réflexion sur le problème de la connaissance au sein de ses *Méditations métaphysiques* (1641), **René Descartes** (1596-1650) pose au départ la nécessité de pouvoir distinguer avec certitude le vrai du faux pour accéder à l'évidence des vérités éternelles. Il préconise pour cela le doute systématique, qui consiste à se défaire de toutes nos opinions, qu'il faut considérer comme douteuses, et à cesser de se fier aux données sensibles, matérielles, qui les ont fait naitre. Ce faisant, le philosophe parvient à une première certitude : le sujet qui doute, qui pense que tout est faux, est nécessairement quelque chose. C'est ainsi qu'il énonce l'évidence du cogito : « je pense donc je suis », qui révèle **la présence d'un « je » qui est le substrat de nos pensées et est radicalement séparé du corps**. Descartes distingue alors :

- **la res cogitans ou « substance pensante »**, qui doute, affirme, nie, imagine, etc. ;
- **la res extensa ou « substance étendue »** dans l'espace, d'essence géométrique. La matière et le corps font partie de cette substance étendue (citation 3).

Le corps est considéré comme une machine qui doit se comprendre selon des principes mécaniques, et la matière comme une substance sur laquelle l'homme fait agir son esprit, en la connaissant, en la transformant et en la dominant.

Esprit et matière sont donc, pour Descartes, deux entités inconciliables. L'union de l'âme et du corps est une expérience que nous ne cessons toutefois de faire (par exemple, lorsque l'homme veut bouger la main, il la bouge), sans pour autant être en mesure de l'expliquer. Le philosophe pose alors l'hypothèse de l'existence d'« esprits animaux », sortes d'influx nerveux assurant la communication entre l'esprit et le corps.

La supériorité de l'esprit sur la matière *

Admettre une distinction entre matière et esprit conduit à poser la question de la supériorité éventuelle d'une instance sur l'autre.

Historiquement, **le dualisme privilégie la dimension spirituelle** du sujet. Parce que la matière est perçue comme mouvante et périssable, un fort courant idéaliste domine la pensée philosophique issue du platonisme. Évoquons notamment **Plotin** (205-270), pour qui le réel dans sa totalité procède d'un principe unique, l'Un, qui constitue la seule réalité véritable – inversement, la matière est non-être –, vers lequel l'homme peut remonter grâce à l'âme, à l'esprit.

Cette conception sera encore renforcée par **le spiritualisme d'origine chrétienne**, pour lequel tout ce qui, comme le corps, participe de la matière, est par définition inférieur à ce qui est de nature spirituelle. Dieu lui-même est un esprit pur. Au début du Moyen Âge, saint Augustin (354-430) défend une conception religieuse du dualisme : le monde platonicien des Idées devient la cité céleste, révélée dans la Bible, qui constitue le modèle de la cité terrestre.

> **BON À SAVOIR :**
>
> L'**idéalisme** désigne, au sens large, le fait de ne pas accorder grande importance à la réalité. En philosophie, il s'agit d'une doctrine qui privilégie les idées par rapport au monde sensible. Le **spiritualisme** est pour sa part une doctrine philosophique qui affirme l'autonomie et la supériorité de l'esprit sur la matière.

LE DUALISME EN QUESTION

L'esprit, une configuration particulière de la matière ***

Aux thèses dualistes, qui envisagent esprit et matière comme deux entités distinctes et ne possédant aucune qualité commune, s'oppose le **courant moniste** (du grec *monos*, « un »). Celui-ci conçoit l'esprit et la matière comme une seule entité, et considère souvent que l'esprit n'est qu'une configuration particulière de la matière, au lieu d'en faire, comme c'est le cas du courant dualiste, une réalité séparée du corps. C'est notamment la thèse soutenue par les matérialistes, qui font dériver l'esprit, la pensée et son fonctionnement de données matérielles.

BON À SAVOIR :

Le **matérialisme** est une doctrine philosophique qui n'admet d'autre réalité que la matière, estimant que celle-ci est à l'origine de toutes choses. Il s'oppose au spiritualisme et à l'idéalisme.

Le matérialisme antique est représenté par le Grec **Épicure** (341-270 av. J.-C.), puis par le Romain **Lucrèce** (vers 98-55 av. J.-C.). Il correspond à une conception atomiste de l'univers, issue de la physique de Démocrite (vers 460-370 av. J.-C.), qui avance que **tout ce qui existe n'est qu'une composition d'atomes** animés par un mouvement intérieur grâce auquel les corps se composent et se décomposent. Il n'y a donc dans le monde que des substances matérielles, les substances spirituelles n'étant rien d'autre que l'effet d'une structure atomique particulière. L'âme elle-même est composée d'atomes : elle se décompose donc de la même manière que le corps à la mort de l'individu (citation 4). Ainsi, le matérialisme d'Épicure et de Lucrèce nie toute immortalité ainsi que l'existence d'un principe divin à l'origine du monde.

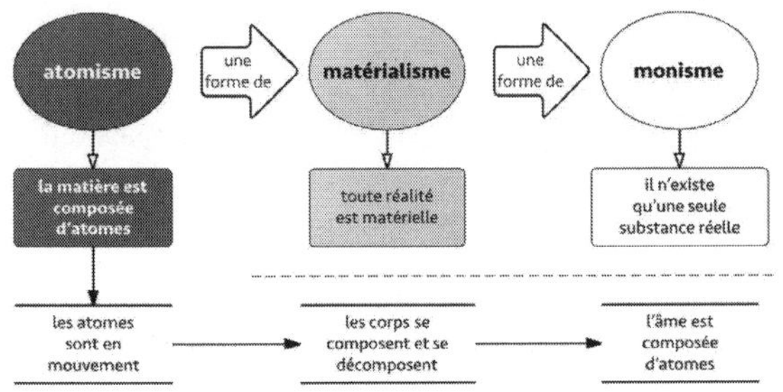

L'atomisme inspirera entre autres les matérialistes des XVIIe et XVIIIe siècles, tels **Denis Diderot** (1713-1784) et **Julien Offray de La Mettrie** (1709-1751), qui pensent l'ensemble des phénomènes à partir de la force et des mouvements physiques. Plus précisément :

- le premier estime que le monde forme un tout matériel qui ne cesse de se renouveler, du minéral à la vie, puis de la vie à la pensée. La matière est donc une substance dynamique qui se transforme indéfiniment ;
- La Mettrie propose quant à lui la théorie de l'homme-machine, selon laquelle tous les êtres vivants suivent les lois mécaniques qui régissent le monde physique. Si l'homme est supérieur aux autres êtres vivants, ce n'est qu'en vertu d'une organisation plus complexe de son cerveau.

L'esprit, une fonction du cerveau *

Plus récemment, les neurosciences ont développé le matérialisme réductionniste. Comme **Ludwig Feuerbach** (1804-

1872) qui soutenait que c'était le phosphore qui pensait en nous, le scientifique **Jean-Pierre Changeux** (1936) établit un lien entre :

- d'une part l'organisation anatomique des neurones et leurs connexions ;
- d'autre part le comportement de l'individu, entendu comme un ensemble d'apprentissages, de réactions affectives et de réponses intellectuelles.

BON À SAVOIR :

Le **réductionnisme** est une tendance consistant à réduire les phénomènes complexes à leurs composants plus simples et à considérer ces derniers comme suffisants pour rendre compte des phénomènes observés.

Il soutient, dans *L'Homme neuronal* (1983), que l'esprit, ou **la pensée, n'est qu'une fonction du cerveau** résultant des processus biochimiques dont il est le siège. Notre cerveau fonctionnerait alors comme un ordinateur. Changeux relègue ainsi le terme d'« esprit » au domaine des sciences occultes et de la réflexion sur un quelconque mystère des origines (citation 5).

L'esprit, un phénomène de surface *

Bien que refusant que sa pensée soit qualifiée de matérialiste, **Friedrich Nietzsche** (1844-1900) accorde lui aussi à l'esprit une dimension corporelle, donc matérielle. Pour lui,

la conscience, le psychisme et l'esprit ne sont que des phénomènes de surface, relativement pauvres eu égard à l'activité corporelle intense dont ils sont le résultat. En effet, le corps met aux prises des instincts, des pulsions et des états organiques avec le monde extérieur. Ce qui parvient à la conscience, à l'esprit, n'est que le résultat de ce rapport au monde, conflictuel et toujours changeant, qui passe obligatoirement par le corps. Celui-ci devient alors pensée, en jugeant et en interprétant le réel, et s'offre ainsi à la conscience comme un interlocuteur et un collaborateur privilégié.

Nietzsche ne remet pas en cause l'existence de la conscience, de l'esprit, mais réinscrit ce dernier dans le corps, dans la matière. Ainsi, il existe une pensée du corps, qui constitue la vraie réalité. La pensée au sens traditionnel (cartésien, par exemple) se trouve par conséquent décentrée.

La matière, une réalité vide de sens ***

La matière peut au contraire être envisagée comme complètement dépendante de l'esprit, comme c'est le cas avec l'immatérialisme de **George Berkeley** (1685-1753).

La matière est, selon le philosophe, vide de sens : **il n'y a pas de matière indépendamment de l'esprit humain qui la perçoit et la conçoit**, explique-t-il dans *Les Principes de la connaissance humaine* (1710) (citation 6). Rien n'existe en dehors de notre pensée. En effet, les choses n'existent réellement que si elles sont perçues et pensées. Autrement dit, les éléments qui composent notre univers (étendue, mouvement, son, couleur, etc.) n'existent et ne prennent corps que par la perception qu'on en a. En effet, qu'est-ce qu'une pomme sinon un ensemble de formes, de couleurs, d'odeurs, que des sensations diverses ont constitué ?

Exister consiste alors à être perçu, à être pensé, et à percevoir, à penser. Cette dernière activité est celle d'un esprit et jamais d'une chose matérielle. En quelque sorte, la chaise sur laquelle l'on s'assied cesse d'exister dès que l'on quitte la pièce.

La thèse de Berkeley ne conduit pas nécessairement à nier la réalité, mais à lui donner une nature spirituelle et non plus matérielle. Seuls les idées et l'esprit existent. Le concept de matière n'est qu'une invention pour désigner le regroupement de différentes perceptions.

La matière, une réalité déterminée par l'Esprit universel *

Le primat de l'esprit sur la matière est également défendu par **Georg Wilhelm Friedrich Hegel** (1770-1831), qui prône un idéalisme absolu.

Ce qui caractérise la matière, selon lui, c'est un manque de détermination. Dès lors, l'homme lui donne forme. Ce travail de transformation n'est possible que parce que l'homme est esprit. Cependant, chez Hegel, l'esprit n'est plus associé à l'âme individuelle et immortelle : il s'agit d'un principe impersonnel, universel et rationnel qui gouverne le monde et se réalise au fil de l'histoire, en se servant des hommes pour parvenir à ses fins. Ainsi, comme il l'explique dans la *Phénoménologie de l'esprit* (1807), plus précisément, chaque homme est un agent de l'Esprit universel.

Ainsi, parce qu'il a une conscience, **l'homme peut sortir de lui-même et aller vers le monde, pour ensuite se l'approprier et le transformer**. Hegel oppose :

- **l'être pour soi de l'homme**, qui est esprit et est capable de ce double mouvement de sortie hors de soi et de retour à soi ;
- **l'être en soi de la matière**, qui est incapable de sortir de ses propres limites.

La distinction entre la matière et l'esprit rejoint la distinction entre être conscient de soi et ne pas l'être. Ainsi, l'animal, par exemple, qui n'a pas une connaissance claire et précise de ses états d'âme et de ses actes dans le sens où il est dans l'immédiateté, n'est que matière. Il n'a pas la possibilité de dire « moi » et d'entreprendre une action raisonnée sur son environnement. Inversement, parce qu'il a une conscience et une liberté, l'homme s'oppose à la nature et œuvre pour l'Esprit universel qui se réalise à travers lui.

MATIÈRE ET ESPRIT RÉCONCILIÉS

Une seule et même entité **

La matière et l'esprit ou le corps et l'âme ne sont qu'une seule et même entité spirituelle, celle que l'esprit de Dieu a placée en l'homme. C'est la thèse défendue par **Baruch Spinoza** (1632-1677) dans l'*Éthique* (1677).

Selon le philosophe, il n'y a qu'une seule substance, infinie et unique, Dieu, qui se confond avec le monde, l'univers, la nature. Tout ce qui existe découle de cette substance. En d'autres termes, tout ce qui existe est un attribut (un aspect, un caractère) de cette substance.

Si celle-ci est constituée d'une infinité d'attributs, nous n'en connaissons cependant que deux : la pensée et l'étendue. Ainsi, **les choses étendues et la pensée sont des attributs de Dieu**. En ce sens, ils ne désignent en réalité pour Spinoza qu'une seule et même chose, la substance infinie qu'est Dieu.

Il n'y a alors ni privilège de l'esprit, ni privilège de la matière, puisque l'un et l'autre sont deux aspects d'une même réalité (citation 7).

Un même mode d'être **

Henri Bergson (1859-1941) envisage lui aussi la réalité comme une et indivisible entre matière et esprit. Il n'y a pas de réduction de l'un(e) à l'autre.

Selon lui, **qui dit esprit dit conscience**. Mais qu'est-ce que la conscience ?

- La conscience renvoie d'abord à la mémoire, et donc à l'anticipation de l'avenir : sa première fonction est de retenir le passé et de prévoir ce qui n'est pas encore.
- La conscience est ensuite synonyme de choix : si la conscience retient le passé et anticipe le futur, c'est parce qu'elle doit effectuer des choix.

Dans *La Conscience et la Vie* (1919), Bergson soutient que

tous les êtres vivants possèdent la conscience en droit :
elle est immanente à tout ce qui vit. Cependant, dans les
faits, beaucoup y renoncent, notamment les végétaux. Plus
précisément, **deux voies s'offrent à la matière vivante** :

- elle peut soit s'orienter vers le mouvement et l'action.
  C'est le cas des hommes et des animaux ;
- elle peut soit abandonner sa faculté d'action et de choix.
  C'est le cas des végétaux.

Ainsi, au départ, la matière est inertie et nécessité, mais
avec la vie apparaissent le mouvement et la création,
puisque l'être vivant fait des choix ou tend à en faire. Par
conséquent, « la conscience est coextensive à la vie », explique le philosophe. **Si la matière et la conscience sont
des formes d'existence radicalement différentes, la vie
les réconcilie**, car elle représente la liberté (la conscience)
s'insérant dans la nécessité (la matière) et la tournant à son
avantage (citation 8).

Une matière introuvable ? *

La réflexion philosophique sur les liens entre matière et
esprit, opposant les thèses dualistes aux thèses monistes,
semble cependant être remise en question par les théories
scientifiques récentes à propos de la nature de la matière.

Les avancées de la physique nous invitent en effet à concevoir
la matière d'une manière très différente de ce qu'enseignent
la perception et l'intuition quotidiennes :

- dès le début du XXe siècle, certains scientifiques affirment

que **la matière n'existe pas**, du moins pas sous la forme grossière de nos approximations perceptives qui nous poussent à la concevoir comme une substance permanente et compacte. Pour Henri Poincaré (1854-1912), par exemple, la matière est toujours susceptible d'altérations, entre autres chimiques. Elle ne représente donc pas une masse constante ;
* selon la physique quantique (qui décrit le comportement des atomes et des particules, et s'attache à l'infiniment petit), **ce que l'on nomme ordinairement « matière » serait plutôt de l'énergie en réserve**, se manifestant dans un espace qui est lui-même un champ d'énergie. Ainsi, au lieu d'être situable dans un objet, la matière résulte d'échanges d'énergie. Une très petite masse de matière peut, par exemple, renfermer une énergie considérable.

La matière se trouve donc de plus en plus « dématérialisée ». L'atome lui-même, défini à l'origine comme un élément insécable, se décompose à présent en électrons, protons, etc. sur lesquels on peut effectuer des manipulations. La science induit donc un nouveau rapport de l'homme à la matière, matière dont il est lui-même composé, et le pousse par conséquent à déterminer autrement sa dimension spirituelle, face à cette matière redéfinie.

EN RÉSUMÉ

Aristote définit la matière comme ce qui est inanimé, autrement dit comme ce qui ne possède pas d'âme, cette dernière étant le principe vital interne à tout être vivant. Par ailleurs, tout objet est un composé de matière et de forme.

La doctrine dualiste présente l'esprit et la matière comme deux entités distinctes. Ainsi, **Platon** oppose le monde sensible, auquel l'homme appartient par son corps, au monde intelligible, auquel il se rattache par son âme. **Descartes** oppose lui aussi le corps, conçu comme une substance étendue dans l'espace, et l'esprit, conçu comme une substance pensante qui agit sur le corps.

Les thèses monistes considèrent inversement l'esprit et la matière comme une seule et même entité, et avancent souvent que l'esprit n'est qu'une configuration particulière de la matière. C'est le cas d'**Épicure** et de **Lucrèce**, qui affirment que tout ce qui existe n'est qu'une combinaison d'atomes. Plus récemment, **Changeux** a vu dans l'esprit le résultat d'influx nerveux.

Mais le monisme peut aussi conclure à une spiritualité de la matière : **Berkeley**, notamment, pose qu'il n'y a pas de matière indépendamment de l'esprit qui la perçoit. Autrement dit, rien n'existe en dehors de la pensée.

Enfin, pour **Spinoza**, l'âme et le corps, ou l'esprit et la matière, ne sont qu'une seule et même entité spirituelle, celle que Dieu a placée en l'homme. **Bergson** réunit également esprit et matière : il s'agit de deux modes d'existence différents, mais la vie les réconcilie dans le sens où elle représente la conscience s'insérant dans la matière.

Votre avis nous intéresse !
Laissez un commentaire sur le site de votre librairie en ligne
et partagez vos coups de cœur sur les réseaux sociaux !

POUR ALLER PLUS LOIN

- ARISTOTE, *De l'âme*, traduction de Jules Tricot, Paris, Vrin, 1995.
- ARISTOTE, *Métaphysique*, traduction de Marie-Paule Duminil et Annuck Jaulin, Paris, GF-Flammarion, 2008.
- BERGSON (Henri), *La Conscience et la Vie*, Paris, PUF, 2003.
- BERKELEY (George), *Les Principes de la connaissance humaine*, traduction d'André Louis Leroy, Paris, Aubier-Montaigne, 1969.
- BERKELEY (George), *Trois dialogues entre Hylas et Philonous*, traduction de Geneviève Brykman et de Roselyne Degrémont, Paris, GF-Flammarion, 1999.
- CHANGEUX (Jean-Pierre), *L'Homme neuronal*, Paris, Hachette, 1984.
- CHANGEUX (Jean-Pierre), « Interview », in *Le Monde*, 31/10/1982.
- CLÉMENT (Élisabeth) *et alii*, *La Philosophie de A à Z*, Paris, Hatier, 2000.
- COLLECTIF, *La Philosophie comme débat entre les textes*, Paris, Magnard, 1988.
- DESCARTES (René), « Les Principes de la philosophie », in *Œuvres et Lettres*, Paris, Gallimard, 1953.
- DIDEROT (Denis), *Le Rêve de d'Alembert*, Paris, Gallimard, 2008.
- ÉPICURE, *Lettre à Ménécée*, traduction de Pierre Pénisson, Paris, Hatier, 2007.
- HEGEL (Georg Wilhelm Friedrich), *La Phénoménologie de l'esprit*, traduction de Jean-Pierre Lefebvre, Paris, GF-Flammarion, 2012.

- LA METTRIE (Julien Offray de), *L'Homme-machine*, Paris, Gallimard, 1999.
- LEGRAND (Gérard), *Dictionnaire de philosophie*, Paris, Bordas, 1972.
- LUCRÈCE, *De la nature*, traduction d'Alfred Ernout, Paris, Les Belles Lettres, 2012.
- NIETZSCHE (Friedrich), *La Volonté de puissance*, traduction de Geneviève Bianquis, Paris, Gallimard, volumes I et II, 1995.
- PLATON, « Phédon », in *Œuvres complètes*, Paris, Garnier, 1959.
- RUSS (Jacqueline), *Les Chemins de la pensée*, Paris, Armand Colin, 1988.
- SAINT AUGUSTIN, *La Cité de Dieu*, traduction de Louis Moreau, Paris, Seuil, volumes 1 et 2, 2004.
- SPINOZA (Baruch), *Éthique*, traduction de Bernard Pautrat, Paris, Seuil, 1999.

TESTEZ VOS CONNAISSANCES !

ASSOCIEZ CHAQUE CITATION À L'EXPLICATION QUI LUI CORRESPOND.

Citation 1 : « [...] la substance, c'est, en un premier sens, la matière, c'est-à-dire ce qui, par soi, n'est pas une chose déterminée ; en un second sens, c'est la figure et la forme, suivant laquelle, dès lors, la matière est appelée un être déterminé ; et, en un troisième sens, c'est le composé de la matière et de la forme. » (ARISTOTE, *De l'âme*, Paris, Vrin, 1995, livre 2, chapitre 2)

Citation 2 : « [...] si nous voulons savoir véritablement quelque chose, il faut que nous nous séparions du corps, et que l'âme elle-même examine les choses en elles-mêmes. » (PLATON, *Phédon*, traduction de Victor Cousin, version numérique, 66c-66e)

Citation 3 : « [...] l'étendue en longueur, largeur et profondeur, constitue la nature de la substance corporelle ; et la pensée constitue la nature de la substance qui pense. » (DESCARTES [René], « Les Principes de la philosophie », in *Œuvres et Lettres*, Paris, Gallimard, 1953, partie 1, p. 595)

Citation 4 : « [...] la substance de l'esprit et de l'âme est matérielle. [...] Aussi faut-il admettre que les âmes ne sont ni exemptes de commencement ni affranchies de la loi du trépas. » (LUCRÈCE, *De la nature*, Paris, Les Belles Lettres, 2012, livre 3)

Citation 5 : « [...] toute activité mentale, quelle qu'elle soit, est déterminée par l'ensemble des influx nerveux circulant dans des ensembles définis de cellules nerveuses. » (CHANGEUX [Jean-Pierre], « Interview », in *Le Monde*, 31/10/1982)

Citation 6 : « [...] tous les corps qui composent l'ordre puissant du monde, ne subsistent pas hors d'un esprit, [...] leur être est d'être perçu ou connu [...]. » (BERKELEY [George], *Les Principes de la connaissance humaine*, Paris, Aubier-Montaigne, 1969, partie 1)

Citation 7 : « [...] l'Esprit et le Corps, c'est une seule et même chose, qui se conçoit sous l'attribut tantôt de la Pensée, tantôt de l'Étendue. » (SPINOZA [Baruch], *Éthique*, Paris, Seuil, 1999, partie 3, proposition 2, p. 207)

Citation 8 : « La matière est nécessité, la conscience est liberté ; mais elles ont beau s'opposer l'une à l'autre, la vie trouve le moyen de les réconcilier. C'est que la vie est précisément la liberté s'insérant dans la nécessité et la tournant à son profit. » (BERGSON [Henri], *La Conscience et la Vie*, Paris, PUF, 2003)

Explication a : l'âme n'est qu'une combinaison d'atomes : en ce sens, elle meurt en même temps que le corps.

Explication b : l'activité spirituelle est conditionnée uniquement par l'activité du cerveau.

Explication c : tout objet comporte deux aspects : une matière indéterminée et une forme qui fait qu'il est ce qu'il est.

Explication d : la matière est une substance étendue, dont la nature se distingue radicalement de celle de l'esprit.

Explication e : l'âme et le corps sont une seule et même entité spirituelle.

Explication f : les choses n'existent que par la perception qu'on en a.

Explication g : le corps étant attaché au monde sensible, mouvant, il faut que l'âme s'en sépare pour connaitre la vérité.

Explication h : l'union de l'âme et du corps est possible grâce à l'existence des « esprit animaux » qui assurent la communication entre les deux.

Explication i : la matière et la conscience sont deux formes d'existence différentes, mais la vie les réconcilie.

Explication j : ce que l'on nomme ordinairement « matière » ne serait en réalité que de l'énergie en réserve.

CHOISISSEZ UN SUJET BAC ET CONSTRUISEZ LE PLAN DE VOTRE DISSERTATION EN Y ASSOCIANT, SI POSSIBLE, CERTAINES DES CITATIONS ET DES EXPLICATIONS REPRISES CI-DESSUS.

- Que vaut l'opposition du travail manuel et du travail intellectuel ? (bac S 2007) ?
- Ai-je un corps ou suis-je mon corps ?
- Tout est-il matériel ?
- La matière est-elle plus facile à connaitre que l'esprit ?
- Peut-on assimiler l'esprit à une machine ?
- Peut-on penser séparément le corps et le sujet pensant ?
- Une science de l'esprit est-elle possible ?
- La philosophie peut-elle ignorer le corps ?
- La matière n'est-elle pour l'homme qu'un obstacle ?
- Peut-on réduire l'esprit à un mécanisme cérébral ?

Rendez-vous sur lepetitphilosophe.fr et découvrez :

Plus de 1200 analyses
Claires et synthétiques
Téléchargeables en 30 secondes
À imprimer chez soi

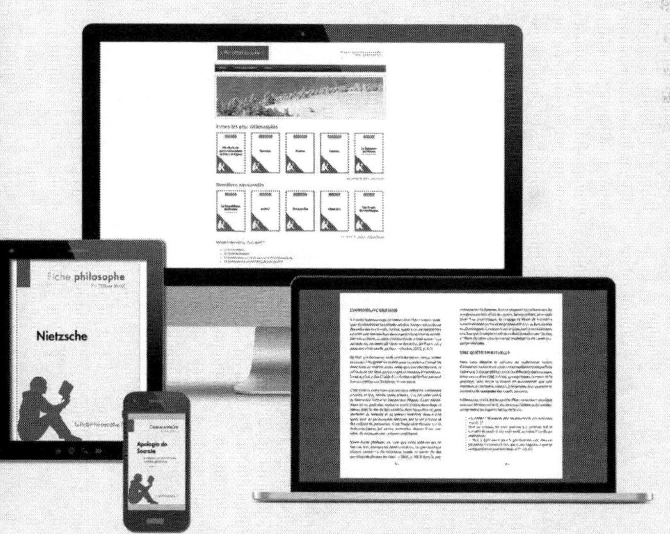

L'éditeur veille à la fiabilité des informations publiées, lesquelles ne pourraient toutefois engager sa responsabilité.

© LePetitPhilosophe.fr, 2017. Tous droits réservés.

www.lepetitphilosophe.fr

ISBN version numérique : 978-2-8062-4463-5
ISBN version papier : 978-2-8062-4441-3
Dépôt légal : D/2017/12603/590

Schémas réalisés par Alberto Molina Pérez,
doctorant en philosophie des sciences
(Université Paris I-Panthéon-Sorbonne)

Conception numérique : Primento,
le partenaire numérique des éditeurs.

Made in the USA
Monee, IL
07 July 2026

56545397R00020